HISTOIRE
DES PRINCES
DU
SANG FRANÇOIS,
ET DES
REINES DE FRANCE.

A PARIS,
L'an second de la liberté.

1790.

HISTOIRE

DES PRINCES

DU

SANG FRANÇOIS.

Dans cette multitude de pamphlets
dont les auteurs ténébreux, soudoyés
par l'aristocratie, injurient les défenseurs de la liberté, sans oser se nom-
mer, ni signer leurs apologies de
l'esclavage, il n'en est pas un où l'on
ne s'appitoye sur le sort *des princes
du sang*, et où l'on ne fasse envi-
sager leur fuite comme une honte
éternelle pour la France. Ceux-ci, de
leur côté, investis des bas valets,
qui les ont toujours trompés et volés,
se persuadent que leur existence est

un besoin, pour la nation françoise,
qui a eu la bonhommie de s'épuiser
pour leur faire un sort plus brillant,
même que celui de plusieurs rois
de l'Europe. On se rappelle avec
quelle hauteur insultante leur mémoire étoit écrit, et combien il eût
excité l'indignation, si la platitude
repoussante avec laquelle il étoit re-
digé n'eut excité le dégoût. (1) Der-
nièrement encore l'on a vu le prince

---

(1) C'est à l'occasion de ce plat mémoire
que l'on fit ce joli couplet sur l'air : *Quoi*
ma voisine es-tu fachée ?

Le Quiuntor sérénissime
 Perd pour jamais
L'amour , le respect et l'estime,
 Des cœurs françois:
Mais il aura ses écuries ,
 Ses bas valets ,
Ses chiens , ses capitaineries ,
 Et..... nos sifflets.

de Condé nous dire dans une lettre où il parloit de ses *droits*, et de ses *vassaux*, qu'il ne reviendroit en France que, lorsqu'il pourroit y rentrer avec *honneur* c. à d. apparemment le fer à la main, à la tête d'une horde de brigands Sardes, Autrichiens, Espagnols, Napolitains etc. pour mettre tout à feu et à sang, pour disperser cette assemblée nationale, qui a l'insolence de rendre aux hommes des droits imprescriptibles, et de rappeller des prélats ignorans, avides et luxurieux au desintéressement, à la pureté, à la simplicité de l'évangile: enfin, pour faire expier si cruellement à la France, les efforts qu'elle a faits pour se decaveçonner, que désormais, elle baise son mords et embrasse lâchement ses chaînes..

L'insigne mauvaise foi et l'imprudence de toutes les chenilles, qui distillent régulièrement tous les jours

ou toutes les semaines leur bave in-
fecte sur les députés et sur les écri-
vains patriotes, m'ont donné de l'humeur, et j'ai voulu me convaincre
par moi-même des grands et signalés
services, que tout ce qui s'appelle
prince du sang, a rendu à la nation
depuis le commencement de la troisieme race. En voici un exposé fidele
et succinct.

Après la mort de Robert, fils de
Hugues-capet, Henri I; lui succeda,
malgré les intrigues de la reine
Constance. Alors le jeune Robert, son
frere, qui sous le regne de son pere
avoit mieux aimé partager l'exil et
la fuite de Henri, que d'entrer dans
les vues de sa coupables mere, se réunit
avec elle, leve l'étendard de la révolte
contre son frere et contre son roi,
et le force à se retirer auprès du
duc de Normandie.

Les princes du sang, ne font au-

cune sensation sous les regnes suivans.
Mais dès le commencement du regne
de Saint-Louis, on voit les comtes
de Champagne, de Bretagne et de
la Marche, les trois premiers seigneurs de l'état, et vraisemblablement
très proches alliés de la famille royale,
se liguer ensemble, et susciter révoltes sur révoltes, et factions sur
factions.

Deux regnes après, le comte de
Valois, oncle de Louis X, surnommé
Hutin, fait conduire au supplice,
un ministre utile et respectable, En-
guerand de Marigny, surintendant
des finances, dont le crime étoit
d'avoir remis au prince, une grande
partie des sommes résultantes des
impôts et des décimes, et contre qui
personne ne vint déposer, lors même
qu'il fut arrêté.

Sous Philippe de Valois, Robert
d'Artois, son beau frere, outré que

le roi n'eût pas décidé, en sa faveur, le procès sur la succession de l'Artois, employe la magie pour le faire périr, dépêche des scélérats pour l'assassiner, et réfugié en Angleterre, sollicite Edouard à fondre sur la France ; vient avec lui déchirer le sein de sa patrie et meurt d'une blessure reçue en combattant contre elle.

On peut mettre dans la même classe ce Charles d'Evreux, roi de Navarre, que ses vices et ses forfaits firent surnommer le *Mauvais*, et qui naquit pour le malheur de la France sa patrie. Gendre du roi Jean, cette alliance devint pour lui un moyen de plus de brouiller et de tout bouleverser, et sa vie ne fut qu'une suite de révolution, qu'un tissu de crimes, de perfidies et d'intrigues qu'il couronna en empoisonnant Charles V, et lui faisant expirer ainsi le tort qu'avoit eu ce prince dans sa jeu-

nesse de se lier avec un pareil scé-
lérat.

Voyons Charles VI sous la tutelle
de ses quatre oncles. Le duc d'Anjou,
déjà odieux par ses vexations et ses
violences (1), s'empare du trésor
amassé par Charles V , et à force
d'exactions , oblige le peuple à se
révolter pour se défendre. Le duc
de Berry, et le duc de Bourgogne se
retirent à la fin de leurrégence , après
avoir eu l'audace de demander qu'on
les dédommage de leurs dépenses.

---

(1) Cette époque ne doit jamais être oublié
des Parisiens. Après la bataille de Rosbec ,
l'armée victorieuse entra dans Paris , et punit
par des exécutions sanguinaires et multipliées
le courage qui avoit rétabli la nation , dans
toutes ses *franchises, libertés, priviléges et
immunités*, et le reste de la capitale après
avoir vu le sang ruisseler dans les rues , ne
fut épargné qu'en payant des amendes arbi-
traires , et en laissant avec un desespoir muet,

Le seul duc de Bourbon oppose une
vertu stérile aux crimes, aux exactions des autres princes. Bientôt le
duc d'Orléans, frere du roi, s'empare
de l'autorité, et devient aussi odieux
par de nouvelles impositions que ses
débauches le rendoient méprisable.
L'histoire n'a que trop fait connoî-
tre, et ses liaisons criminelles avec
avec Isabeau de Baviere, et son assassinat par Jean-sans-peur, et celui
de ce duc de Bourgogne par les gens
du Dauphin, et les suites horribles
des divisions de ces deux maisons.
Il suffira de dire qu'il n'est point de
révolte, point de troubles, point de
guerre civiles à la tête desquels on
ne trouve les princes du sang, sous
ce regne à jamais déplorable, où une

---

rétablir les aides, le douzieme denier, la
gabelle et autres impositions ; on délibera
même si on ne les rendroit pas perpétuelles.

reine criminelle, ambitieuse et dénaturée, nageoit dans les plaisirs et dans l'abondance, où les princes dévoroient la substance du peuple, où les enfans du roi n'avoient souvent ni habit, ni nourriture, et où l'infortuné monarque n'étoit pas mieux traité (1).

Charles VII trouva dans son fils son plus cruel ennemi. Louis XI n'étant encore que Dauphin, se lie avec le duc d'Alençon, *prince du sang*, se révolte deux fois contre son pere, et mérite même qu'on le soupçonne d'avoir voulu l'empoisonner.

A peine est-il monté sur le trône que se forme l'orage, qui doit bientôt enfanter la guerre, connue sous le nom de *ligue du bien public*. A la tête de ce parti, sont le duc de

_____

(1) Il resta plus de cinq mois sans se coucher, ni changer de linge.

Berry, frere du roi, le duc de Bourbon, et Charles, comte de Charolois,
fils du duc de Bourgogne, tous deux
princes du sang, dans les intrigues
de ce regne affreux on retrouve encore *des princes du sang*. Le comte
d'Armagnac et le duc d'Alençon,
qui expierent, il est vrai, leurs révoltes, par une fin plus propre à
faire haïr un tyran qu'à faire respecter un monarque.

Les commencemens de Charles
VIII sont troublés par une guerre
civile (1). C'est encore un *prince du*

_____

(1) Aux états généraux tenus sous la minorité
de ce roi, un personnage qu'on ne nomme
point, mais que les historiens disent être un
prince, dit en pleine assemblée : « je connois
les VILAINS, s'ils ne sont opprimés, il faut qu'ils
oppriment. Otez leur le fardeau des tailles,
vous les rendrez insolens, mutins, insociables :
ce n'est qu'en les traîtant durement qu'on peut
les contenir dans le devoir ».

sang

sang qui leve l'étendard de la révolte.
C'est ce même Louis XII, qui depuis
mérita, par sa bonté seule, que l'his
toire oubliât ses fautes et ses foibleses.

Sous François I, la vengeance im-
placable de Louise de Savoie, qui
ne-pardonnoit pas au connétable de
Bourbon, d'avoir dédaigné les avan-
ces d'une femme sans pudeur, porta
ce prince à la révolte. Le ressentiment du *taciturne* (1) connétable,
pour être jusqu'à un certain point
plus digne d'excuse, n'en mit pas
moins la France à deux doigts de sa
perte.

Sous François II, commencent ces
funestes guerres de religion qui épui-
serent si long-temps le royaume
d'hommes et d'argent, et qui furent

---

(1) C'étoit ainsi que l'appelloit Louis XII,
dont les pressentimens ne furent que trop vé-
rifiés.

B

sur le point de placer une nouvelle race, celle des Lorrains , sur le trône de nos rois. La religion n'est que le prétexte dont se servent les deux partis , et ne fait que donner un caractère plus atroce et une horrible activité à leurs fureurs et à leurs vengeances. Le roi de Navarre , et le prince de Condé sont à la tête des rebelles , et les Guises soutenus par leurs talens, leurs intrigues et la protection de Catherine de Médicis , leur disputent la funeste gloire de déchirer , d'ensanglanter le sein de la patrie et de perpétuer ses malheurs.

Lorsque Henri IV combat pour reconquérir son héritage , c'est encore *un prince du sang*, le cardinal de Bourbon, qui par sa foiblesse ambitieuse , retarde le moment où ce bon roi doit commencer à fermer les plaies de la France , et un autre cardinal de Bourbon, fils du prince de Condé tué à

Jarnac, est, sinon l'ame, au moins le prétexte de l'intrigue qui se forme et que Henri IV étouffe, en s'assurant de sa personne.

Ceux qui ont lu les mémoires de Sully, se rappellent combien ce bon roi eût à se plaindre des intrigues du comte de Soissons, qui cependant ne paroît avoir trempé, ni dans la révolte de Biron, ni dans celle du comte d'Auvergne.

A peine un exécrable assassin a-t-il tranché les jours de Henri, que les troubles recommencent. Henri, prince de Condé, le duc de Vendôme, et le grand-prieur de France, fils naturels du dernier roi, prennent les armes, et en 1617, on comptoit déjà la quatrieme guerre civile allumée sous ce regne, par l'ambition des princes et des seigneurs.

Gaston, ce prince foible et nul,

B 2

qui sacrifioit ses amis pour faire sa paix, se révolte cinq fois, et le comte de Soissons tué à la bataille de la Marfée, ne cesse sous ce regne d'intriguer, de soulever les mécontens, de traiter avec l'Espagne, et de tramer de nouvelles conspirations, en jurant une fidélité inviolable.

Tout le monde sait combien la minorité de Louis XIV fut orageuse, et la part qu'eurent les Princes du sang à tous ces troubles, est trop connu pour que je m'arrête à raconter tous les maux que firent à la France la hauteur et l'ambition de Condé (1),

---

(1) *C'est* ce héros, si vanté comme guerrier, et qui long-temps fut si peu estimable comme homme, et comme citoyen, qui pendant le siege de Paris, et après une action sanglante se permet cette plaisanterie barbare, que ses victoires n'ont pu faire oublier : *une nuit de Paris réparera tout cela.*

les variations de Conti, la médiocrité
du duc de Longueville, les intrigues
et les galanteries de sa femme, la
fougue du grossier duc de Beaufort,
etc. etc. Il suffira de dire que ces
révoltes inspirerent à Louis XIV,
ce systême dont il ne se départit
jamais, de ne donner aucune part
dans le gouvernement *aux princes du
sang*, et de tenir ses propres enfans
toujours éloignés des affaires.

Je ne m'arrêterai pas à tracer les
portraits *des princes du sang* sous le
regne de Louis XIV. L'humeur impérieuse de ce soudan, enchaîna,
sans doute, leurs talens, et contint
leur inquiétude. Ceux qui voudront
se faire une idée de leur nullité, de
leurs ridicules amusemens, de leurs
dévotions plus pitoyables encore,
de la bassesse avec laquelle ils ram-
poient aux pieds de la veuve Scar-
ron, n'ont qu'à consulter les mémoi-

B 3

res du duc de Saint-Simon, et les lettres de la duchesse d'Orléans, mere
du régent.

Louis XIV meurt enfin accablé, et
de sa gloire et de ses revers, entre
un jésuite et une vieille dévote. Le
régent prend les rênes du gouvernement. Le premier orage qu'il a à
dissiper, est le complot des bâtards
de Louis XIV, qui, de concert avec
le roi d'Espagne, veulent le dépouiller
de la régence ; et ce régent lui-même,
quel tableau l'histoire nous en fait !
Inconstant, faux, sans caractere,
sans principes, ni politique, ni
moraux, sans goût plutôt que
sans capacité pour les affaires,
toujours sacrifiées aux plaisirs scandaleux, et souffrant que l'infamie de
son protégé Dubois rejaillit sur lui,
ses défauts et ses vices rendirent inutiles ses lumieres, ses talens et ses
qualités brillantes, et la France livrée

par lui aux systêmes meurtriers d'un étranger avide et corrompu, convulsée par les suites funestes de la banqueroute de Law, pleure, dans un épuisement dont elle n'a jamais pu se remettre, sa folle confiance en l'impéritie d'un chef insouciant, tandis que ses filles, enchérissant sur les débauches de leur pere, affichent avec le cynisme le plus repoussant des scènes de luxure, dont la seüle Messaline avoit donné l'exemple.

Au régent succede le duc de Bourbon, du ministere duquel les mémoires du duc de Richelieu et ceux de Duclos font un portrait si effrayant, et dont la maîtresse, madame de Prie, vendoit publiquement les graces de la cour, insultoit à la misere des peuples par son faste scandaleux, et en présence des courtisans, troupeau toujours vil et toujours lâche, essuyoit son derriere avec les remontrances du parlement.

Je passe sous silence un comte de Charolois , tuant de sang - froid les malheureux · qui se présentoient au bout de son fusil , un comte de Clermont , moine - général , sous lequel nos soldat furent *tondus, les princes du sang* faisant bassement leur cour à une prostituée, à madame du Barry, pour obtenir leur rappel à la cour: leur faste , leurs dépenses , leurs dettes monstrueuses acquittées aux dépens de l'état, leurs hauteurs , leurs vexations , toujours sûres de l'impunité; enfin , leur plat mémoire au moment de la révolution , leur fuite qui sembloit annoncer qu'ils se rendoient justice , et tant d'autres faits , dont l'équitable postérité se chargera d'apprécier la nature.

Dans cette longue liste de *mangeurs d'hommes* , on ne sait si l'on doit être plus étonné du petit nombre de héros qui s'y rencontrent , ou

plus indigné de la multitude de scélérats, de tyrans, d'intrigans, de rebelles, d'êtres nuls, jaloux, ennemis des
talens, persécuteurs, avides et dissi-
pateurs. Et voilà les hommes qui,
dans ce moment se donnent pour les
défenseurs de l'autorité royale ! Qui
ne voit que dans tous les temps ils en
furent bien plutôt les plus cruels ennemis; que dans tous les temps ils
se liguerent contre elle, non dans le
dessein de soulager le peuple, prétexte spécieux et toujours menteur,
mais dans le dessein d'enchaîner le
pouvoir, de le partager, d'en abuser
pour piller et dévorer, et de regner
enfin sous le nom du monarque foible
ou abusé. Et voilà ceux qui font la
splendeur et le soutien du trône, eux
qui n'ont rien oublié pour en ternir
l'éclat, et pour en ébranler les fon-
demens..... Mais des réflexions ulté-
rieures seroient inutiles, et tombe-

roient dans la déclamation. Je les accuse l'histoire à la main. J'invite les bons François à la consulter, et à voir si j'ai altéré un seul fait. Leurs partisans traiteront encore de libelle ces pages véridiques. Mais à qui est la faute, de l'écrivain qui trace fidelement ses portaits d'après la vérité, ou des hommes dont l'histoire n'a pû conserver la mémoire, sans la frapper d'une flétrissure ineffaçable ? *Pourquoi avez vous peint Louis XI comme un tyran*, demandoit Louis XIV à Mézeray ? *Pourquoi l'étoit-il*, répondit le courageux historien ?

Résumons. Point de troubles en France qui ne trouvent leur origine dans l'ambition des princes du sang (1);

_____

(1) On en peut dire autant de la plupart des grands, et l'h'stoire de France ne contient guere que le récit de leurs prétentions, de leurs intrigues, de leurs révoltes, de leurs usu pations etc.

point de révolte dont ils n'ayent été l'ame ; point de guerre civile à la tête desquels on ne les voyent ; point de vexation qui n'ait été commise par eux, de grands maux, de grandes playes faites à la mere commune, peu ou presque point de services, et ces services vendus au plus haut prix ; voilà en deux mots l'histoire des *princes du sang françois*, et c'est-à peu de chose près, celle des *princes du sang* chez tous les peuples soit anciens, soit modernes.

DES REINES

DE

FRANCE.

BAYLE à l'occasion d'une princesse, qui fit beaucoup de mal à la France, observe que de très grand nombre de nos reines a été vicieux et funeste, et il en donne pour raison que les princesses étant ordinairement des étrangeres, il n'est pas étonnant qu'elles n'ayent presque jamais le cœur françois.

Cette remarque a piqué ma curiosité. Je me suis amusé à parcourir l'histoire de nos reines et de nos princesses, en me bornant seulement à celles qui étoient étrangeres, et voici

voici, lecteur, quel est le résultat de mes recherches.

Je préviens que je ne m'engagerai pas dans l'histoire des deux premieres races, quoique Frédegonde et Brunehaut y jouent un grand rôle ; je me borne à la troisieme.

Après que le despotisme insolent de la cour de Rome et la lâche soumission des évêques français eût forcé le doux et timide Robert, à se séparer d'une épouse dont la beauté et plus encore l'heureux caractere faisoit son bonheur, l'impérieuse Constance d'Arles, remplaça la douce, aimante et trop sensible Berthe.

Dès ce moment il n'y eut plus de paix ni de repos pour le bon roi. La nouvelle reine d'un caractere fier et emporté, sourde à la raison et à l'équité, sacrifioit tout à ses passions et à ses caprices, et se rendit insupportable à tout le monde.

C

A peine parut-elle à la cour, qu'on
y vit tout changer de face ; au lieu
de cette simplicité respectable, de
cette aimable modestie , de cette
gravité de mœurs qui y regnoient,
et qui faisoient le caractere du sou-
verain de la nation, on ne vit plus
que des courtisans étourdis , sans
mœurs et sans décence , des plaisirs
vifs et bruyans , des farceurs de toute
espece , des danseurs , un luxe extraordinaire dans les habits et dans
les équipages, qui répondoient par
leur singularité et leur bizarrerie à la
conduite de ceux qui s'en paroient.
Cela passa jusqu'aux armes , aux
bottines , aux hauts-de-chausses , aux
enharnachemens des chevaux même.
Glaber Raoul remarque que ceux que
la reine amena à la cour avoient la
tête à moitié rasée , et étoient sans
barbe , *semblables* , dit-il , *à des histrions , ou à des bâteleurs.*

Elle prétendoit que tout lui passât par les mains ; ensorte que si Robert accordoit quelque grace sans qu'elle s'en fut mêlée, il disoit ordinairement à ceux qu'il gratifioit de ses bienfaits : *je vous accorde ce que vous me demandez ; mais faites ensorte que Constance n'en sache rien.*

Hugues de Beauvais, devenu premier ministre de Robert, qui lui avoit donné toute sa confiance, pour en aider sa foiblesse, contre les entreprises continuelles de la princesse, ne tarda pas à blesser l'altiere et vindicative Constance, qui le fit assassiner dans une partie de chasse, sous les yeux et aux côtés du roi même, auquel les assassins se contenterent de faire une humble révérence.

Robert avoit eu quatre fils de Constance, Hugues, Henri, Robert, Eudes. De ces quatre princes, Robert

étoit le seul qui eut trouvé grace à
ses yeux. Hugues , l'aîné de tous et
déja couronné , se vit refuser les
choses les plus nécessaires à son état
et à sa naissance , et fut tellement
couvert d'insultes par son impi-
toyable marâtre , qu'il fut obligé de
s'exiler. Henri fut encore plus mal-
traité ; il fut long-temps errant, sans
suite , sans secours , sans asyle , réduit à vivre en aventurier , arrêté
comme tel et relaché à peine. Hugues
meurt, Henri succède à tous ses
droits. Constance alors employe crédit , intrigues , menaces , et forme en
faveur de son bien-aimé Robert , un
parti si puissant , qu'il pensa entraîner
la chute des Capets. Robert ne se-
conda pas avec assez d'activité les
noirs projets de cette mégere , qui
le persécuta lui-même pour le punir
d'être moins méchant qu'elle. Les
deux freres se réunirent et armerent

contre leur pere , qui n'eut pas de
peine à leur pardonner une démarche dont il connoissoit la cause aussi
bien qu'eux.

Enfin l'infortuné Robert vient à
mourir ; Constance opiniâtre dans
sa haine , souleve contre son successeur la meilleure partie du royaume ,
s'empare des meilleures places , force
le Roi à la fuite , et il ne tint qu'à
son frere de faire passer la couronne
sur sa tête. Heureusement le jeune
Robert eût horreur lui-même d'une
mere qui vouloit détruire ses deux
fils l'un par l'autre ; il se réconcilia
avec le roi , et Constance mourut de
dépit de voir éteindre le feu de la
division qu'elle avoit cherché à allumer entre deux freres.

On n'a point de détails satisfaisans
sur Berthe premiere femme de Philippe I. On voit cependant qu'elle étoit
imperieuse et qu'elle vouloit que les

C 3

loix et les droits se tussent devant
elle. Il faut au reste qu'elle fut parvenue à déplaire vivement au roi,
qui la repudia sous pretexte de pa-
renté. Car il ne voulut jamais de
réconciliation avec elle, et la relegua
dans un bourg où elle mourut dans
la derniere misere.

On ne peut gueres justifier Louis
VII de la faute qu'il fit, en laissant
échapper deux provinces aussi im-
portantes pour la France, que le
Poïtou et la Guyenne, et les prati-
ques de piété d'un moine couronné
ne pouvoient pas trop être du goût
d'une femme jeune et coquette, telle
qu'Eléonore. Il paroît cependant
qu'une des causes de leur mésintelligence fut l'ambition de la reine,
dont le caractere vif et remuant vouloit dominer, et qui voyoit avec peine
le crédit de l'abbé Suger sur l'esprit
du foible monarque. Ce qui paroît

encore assez attesté par l'histoire, c'est la coquetterie d'Eléonore, dont la conduite très-imprudente, pour ne pas dire irréguliere, scandalisa toute la ville d'Antioche. Il n'est pas invraisemblable qu'Eléonore, devenue amoureuse de Henri, duc de Normandie, depuis roi d'Angleterre, qu'un écrivain contemporain (Pierre de Blois) nous peint comme le plus bel homme de son temps, eût provoqué le ressentiment d'un mari jaloux, par des imprudences affectées, et eût trouvé moyen de satisfaire sa passion aux dépens de l'honneur de son époux et des intérêts de l'état. Quoiqu'il en soit, ou sait que ce divorce eut des suites très-funestes à la France, et l'on peut ranger Eléonore au nombre des princesses dont elle a beaucoup à se plaindre.

Ce qui paroît venir à l'appui de ce que nous venons de dire, c'est qu'E-

Iéonore ne vécut pas mieux avec son nouvel époux, qu'elle fit le malheur de sa vie, qu'elle chercha à soulever le fils contre le pere, et devenue jalouse de la jeune Cliffort, à qui ses charmes et ses qualités avoient fait donner le nom de Rosamonde, et gagné le cœur du roi, elle trouva le moyen de pénétrer dans les détours du château de Voodstoock, qu'Henri II avoit fait bâtir pour elle, dans le dessein de là soustraire à la rage d'Eléonore, parvint jusqu'à son appartement, l'accabla des plus violens reproches, lui présenta le poison préparé de sa main, la forca de le prendre, et se livra au barbare plaisir de la voir expirer sous ses yeux. Enfin cette nouvelle Hélene fut la source funeste d'une guerre de quatre cens ans entre la France, et l'Angleterre.

Alix de Champagne, épouse de

Louis-le-Jeune, après la mort de son mari, cherche à se former un parti, et se cantonne dans ses places, parce que le mariage de son fils avec la fille de Philippe (1), comte de Flandres, rapproche ce seigneur de l'administration des affaires, et qu'elle vouloit dominer, et bientôt cette bru, devenue reine à son tour, épouse les intérêts de son pere, et ne s'en détache qu'après avoir exposé la France par cette inévitable partialité.

Quelque chose que les historiens ayent rapporté des liaisons de Blanche de Castille avec Thibault, comte de Champagne, je me garderois bien de lui reprocher une passion qu'elle n'avoit peut-être pas d'abord encouragée, mais dont elle sut habilement

---

(t) Isabelle de Haynault.

profiter pour l'avantage du royaume
et la tranquillité de la régence ; mais
on lui reprochera d'avoir donné aux
grands , au clergé et au peuple un
prétexte spécieux de révolte , en con-
fiant un pouvoir sans réserve à un
prêtre Italien , qu'elle avoit fait premier ministre , et dont les liaisons avec
elle firent autant murmurer que le
firent depuis celles d'Anne d'Autriche et du cardinal Mazarin. Ce qu'on
lui reprochera encore , c'est d'avoir
porté si loin la passion de la domi-
nation , que dans la crainte que Marguerite de Provence , femme de saint
Louis , ne prit quelque ascendant sur
son mari , et ne lui fit perdre le pouvoir extraordinaire qu'elle avoit sur
l'esprit de son fils, elle lui donna mille
chagrins , et permit à peine au roi de
lui donner des preuves de son amour.
« Blanche , dit Joinville , ne vouloit
« pas souffrir que le roi antast , ny

« fust en la compagnie de sa fem-
« me, ains le défendoit à son pou-
« voir. Et quand le roi chevauchoit
« aucunes fois par son royaume, et
« qu'il avoit la royne Blanche sa mere
« et la royne Marguerite sa femme,
« la royne Blanche les faisoit sépa-
« rer l'un de l'autre , et n'étoient ja-
« mais logés ensemblement. Il advint
« un jour qu'eux étant à Pontoise, le
« roi étoit logé au-dessus du logis de
« la royne sa femme, et avoit ins-
« truit ses huissiers de salle en telle
« façon , que quand il vouloit aller
« coucher avec la royne sa femme,
« et que la royne Blanche vouloit ve-
« nir en la chambre du roi ou de la
« royne; ils battoient les chiens , afin
« de les faire crier; et quand le roi
« l'entendoit , il se mussoit de sa mere.
« Si trouva celui jour la royne Blan-
« che , en la chambre de la royne,
« le roi son mari qui l'étoit venu voir ,

« parce qu'elle étoit en grand péris
» de mort, à cause qu'elle s'étoit
« blessée d'un enfant qu'elle avoit
« eu, et le trouva caché derriere la
« royne, de peur qu'elle ne le vit.
« Mais la royne Blanche sa mere
« s'apperçut bien, et le vint prendre
« par la main, lui disant : venez-
« vous en, car vous ne faites rien
« ici ; et le sortit hors sa chambre.
« Quand la royne vit que la royne
« Blanche separoit son mari de sa
« compagnie, elle s'écria à haute
« voix : *helas ! ne me laisserez vous*
« *voir monseigneur, ni en la vie,*
« *ni en la mort ?* Et ce disant elle
« se pâma, et oui doit on qu'elle fut
« morte, et le roi qui ainsi le croyoit,
« y retourna lavoir subitément et la
« fit revenir de pamoison » On peut
juger par ce seul trait jusqu'où l'impérieuse Blanche poussoit la tyrannie
sur les deux époux, et l'on se rappelle,

pelle, que madame de Maintenon
en agissoit à-peu-près de même avec
le duc et la duchesse de Bourgogne.

La tragédie de Marie de Brabant,
seconde femme de Philippe-le-Hardi
a rappellé au public l'aventure de
la Brosse, qui accusa la reine d'avoir
fait empoisonner le fils aîné du roi,
pour ouvrir à ses enfans le chemin
du trône. Il y a toute apparence
que cette aventure ne fut qu'une
jalousie d'autorité entre le malheureux la Brosse et la jeune reine, et
que sa mort fut l'ouvrage d'une intrigue entr'elle et les grands, révoltés
de la faveur et du crédit sans bornes
d'un homme sans naissance. Ce qu'il
y a de certain, et c'et une circons-
tance qu'on doit à Guillaume de Nan-
gis, c'est que la mort de la Brosse causa
au peuple une extrême surprise, parce
qu'on en ignoroit les motifs, et qu'elle

D

fut même suivie de plaintes et de murmures. Ce qui peut nous inspirer encore quelque doute sur la légitimité de son supplice , c'est qu'il eut ses ennemis pour juges ; savoir , les barons du royaume; présidés par le duc de Brabant , frere de la reine.

On a prétendu que Jeanne de Navarre , femme de Philippe-le-Bel , fondatrice du college de Navarre , fut d'une incontinence sans exemple , que pour satisfaire ses passions, elle se livroit à des écoliers , et qu'ensuite pour éviter leur indiscrétion , elle les faisoit jetter dans la Seine ; et que le célebre Buridan fut le seul qui échappât de ce péril, en mé- mémoire de quoi il inventa ce fameux sophisme qn'on appelle l'âne de Buridan. Mais ces imputations injurieuses ne sont pas mieux prouvées que celles dont des princesses plus modernes ont été l'objet.

Marguerite de Bourgogne , premiere femme de Louis, dit Hutin ,
se livra , ainsi que Blanche et Jeanne
de Bourgogne , ses deux belles sœurs ,
aux désordres les plus scandaleux.
Marguerite et Blanche furent convain-
cues d'adultere , et furent renfermées ;
ainsi que Jeanne de Bourgogne ,
dans différens châteaux. Marguerite
étoit peut-être la plus coupable ; ce
qu'il y a de sûr c'est qu'elle fut la
plus maltraitée, car elle fut étran-
glée avec une serviette en 1315.

(N. B.) Une observation importante , c'est que dans la première
branche de la troisième race , à
compter depuis la mort de Blanche
de Castille , les reines eurent fort
peu de part aux affaires. Le système
de gouvernement établi par saint

Louis, qui reconnut peut-être que sa mere avoit eu trop de pouvoir, l'établissement des pairs, et la fixation du parlement donna une sorte d'exclusion aux reines, qui ne s'occuperent gueres d'autre chose que des travaux, des plaisirs ou des amusemens conformes à leur sexe, jusqu'au malheureux regne de Charles VI, qu'on vit renaître l'empire des femmes à la cour.

Nous arrivons à cette Isabeau de Baviere, la furie de la France, la fléau de ses sujets et l'horreur de la postérité, dont le nom est devenu le plus cruel châtiment que l'opinion publique puisse infliger à celles qui lui ressembleroient, violente, avare, emportées, toujours à la tête d'un parti, tantôt dans l'un, tantôt dans l'autre; et ne se servant de son crédit que pour renverser le trône où elle étoit indigne de s'asseoir, les désordres de sa conduite égaloient les vices de son cœur.

Reine tyrannique, écrasant ses peuples sous un joug de fer et sous le poids des impôts, épouse infidele, et femme sans pudeur, cherchant dans ses débauches le scandale, pour ainsi dire; encore plus que le plaisir; mere sans entrailles, ou plutôt abominable marâtre, elle fut l'artisan de tous les troubles qui signalent ce regne désastreux, consacra par son exemple et son approbations, les assassinats, les ligues, les contreligues, les pillages et les incendies, réunie les horreurs des guerres civiles et des guerres étrangeres, fit ruisseler dans Paris et dans le royaume le plus pur sang de l'état, et se ligua avec les étrangers contre son propre fils pour faire assoir l'héritier d'Angleterre sur le trône de France; enfin, abandonnée du duc de Bourgogne, méprisée des Anglois, detestée de tous les François, desespérée des succès de son fils, elle mourut dans la rage, la misere et l'opproble, laissant une mémoire à jamais detestable, à jamais détestée.

Quoique Anne de France, fillé de Louis XI n'aye jamais été reine, le rôle brillant qu'elle joua après la mort de son pere mérite qu'on en dise un mot. Quoique Brantôme plus voisin d'elle n'en fasse pas un portrait fort avantageux, cependant on ne peut lui refuser la gloire de s'être démêlé plus adroitement que Louis XI, lui-même des embarras où elle se trouva dans sa régence. Son exemple prouve que, si l'éducation des femmes princesses, comme particulieres étoit mieux entendue et dirigée vers un but plus solide, nos rois pourroient trouver en France aussi bien qu'ailleurs , des épouses dignes de leur cour et de leur trône.

Anne de Bretagne avec beaucoup de qualités estimables n'eut jamais celle d'être bonne Françoisse. Je ne parle point de ses hauteurs et de son opiniâtreté qui firent souvent souffrir le bon Louis XII , ses intelligences avec les monstres portant alors la thiare, ennemis déclarés de la France, intelligences si certaines que Jules lançant un interdit sur la France excepta la Bretagne , la peine que lui causoit la réunion de cette province à la couronne , les précautions qu'elle prenoit pour la demembrer, Tous les efforts qu'elle fit pour empêcher le mariage de madame Claude sa fille ainée avec François I , et pour déterminer le roi à la donner à Charles d'Autriche depuis Charles V , afin de rendre , disoit-elle au fils ce qu'elle avoit ôté au pere (Maximilien) en épousant Charles VIII , l'opiniâtreté avec laquelle elle s'obstina dans ce dessein au point que le mariage de François I ne pût avoir lieu tant qu'elle vécut , sa conduite avec le maréchal de Gié , qu'elle poursuivit avec un acharnement incroyable pour avoir arrêté ses équipages qu'elle envoyoit à Nantes dans la persuation de la mort prochaine de Louis XII , et qui n'avoit fait que remplir les devoirs d'un premier officier de la couronne, et d'un sujet fidele en conservant à la France des richesses immenses, tous ces faits prouvent assez qu'elle n'eut jamais le cœur bien François.

Je ne m'arrêterai pas long-temps sur Louise de Savoie , mere de François I, et parce qu'elle ne fut pas reine , et parce qu'elle est trop connue. Quoiqu'à titre d'étrangere et d'étrangere funeste à la France , elle eut bien mérité une place dans cette galerie.

Qui peut ignorer en effet et ses rivalités avec Anne de Bretagne, et son ambition, et son avarice, et ses prodigalités, et le supplice de Semblancay, et la vénalité des charges où elle eut tant de part, et sa haine contre Lautrec, à cause de la perte du Milanès et de tant d'or et de sang répandus, et les extrémités où sa vengeance porta le connétable de Bourbon, dont le crime étoit de s'être refusé aux agaceries amoureuses d'une femme de 45 ans, aux dépens du sang le plus pur, de la captivité du roi, et des sommes immenses qu'il en couta pour sa rançon.

Claude de France, fille de Louis XII et femme de François I, persécutée par cette même Louise de Savoie me fournira cette reflexion ; c'est que presque toutes les princesses

françoises qui ont monté sur le trône
ont été bonnes et populaires.

Après Frédégonde et Brunehaut,
notre histoire n'offre point de princesse de laquelle on ait dit tant de
mal que de la fameuse Catherine de
Médicis, et qui ait mieux mérité
tout le mal, qu'on en a dit. Ambitieuse, dissimulée, prodigue, san-
guinaire, et toujours prête à changer
d'intérêts et d'amis, flattant, tantôt
les Guises, tantôt les protestants, s'u-
nissant tantôt avec les uns, tantôt
avec les autres ; écrivant au prince
de Condé pour le remercier d'avoir
pris les armes contre la France,
sa passion fut celle de dominer.
Et c'est à elle qu'il faut rapporter
en dernière analise tous ses crimes
toutes ses bonnes ou mauvaises
actions, indifférente sur toutes les
religions elle croyoit à l'astrologie et
à la magie. Elle eût la plus grande

part au massacre de la Saint-Barthelemi. Rien ne la peint mieux que
l'éducation de ces enfans, Des combats
de coqs , de chiens , et d'autres ani-
maux étoient une de leurs récréatios
accoutumées. Pour les endurcir contre la compassion et la clémence , elle
les menoit aux exécutions les plus
extraordinaire qui se fissent en place
de gréve. Pour les rendre aussi las-
cifs que sanguinaires , elle donnoit
de temps en temps de petites fêtes ,
où ses filles d'honneur , les cheveux
épars, couronnés de fleurs , servoient
à table demi-nues. Son exemple ne
leur préchoit pas moins le libertinage.
Trollus-de-Mesgonez, le cardinal de
Lorraine , le duc de Nemours et le
vidame de Chartres , François de
Vendôme et plusieurs autres furent ,
dit-on, les consolateurs de son veu-
vage.

Un des plus grands reproches que

la France ait à faire à sa mémoire ;
c'est d'avoir apporté de sa patrie cet
esprit machiavelique et ce dégré de
corruption, qui regnoit en Italie,
d'avoir commencé à donner aux femmes une trop grande part aux affaires, et de leur avoir appris à trafi-
quer de leurs faveurs dans un motif
absolument politique, d'avoir amené
avec elle cet légion de bateleurs,
d'histrions et d'empoisonnenrs qui
infecterent les mœurs nationales, d'a-
voir été ainsi la premiere et princi-
pale cause de la dépravation pro-
fonde, et de l'avilisement ou tomba la
nation sous son regne, et sous les
regnes, non moins désastreux qui le
suivirent. (1) Quant aux empoisson-

---

(1) Voyez *la Galerie du seizieme siecle*
par M. de Mayer, chez Moutard, rue du
Mathurins, et le nouvel ouvrage de M.
l'abbé Brizard, insitulé *du massacre de la*
nement

nement qu'on lui reproche, ces imputations peuvent être l'effet de l'esprit de parti, mais elles annoncent toujours l'idée qu'on se faisoit d'elle. Enfin on ne pourra la justifier d'être parvenue à régarder ses enfans comme ses plus grands ennemis des qu'ils voulurent regner sans elle, et d'avoir voué à Henri IV, une haine si active et si constante qu'on ne conçoit pas comment ce prince a pu échapper au massacre de la Saint-Barthelemi. Le lecteur ne sera peut-être pas fâché de trouver ici le portrait qu'en trace Voltaire dans la Henriade, chant II.

« Chacun de ses enfans, nourri sous sa tutelle,
« Devint son ennemis, dès qu'il regna sans elle.

Saint-Barthelemi, ouvrage très intéressant, dont le but est de laver la nation françois de cette tache infamante. Chez Garnery, rue Serpente No. 17.

E

« Ses mains autour du trône, *avec confusion*,
« Semoient la jalousie et la division.
« Opposant sans relâche avec trop de prudence,
« Les Guises aux Condés et la France à la
    France.
« Toujours prête à s'unir avec ses ennemis,
« Et changement d'intérêts, de rivaux et d'amis
« Esclave des plaisirs, mais moins qu'ambitieuse,
« Infidele à la secte, et superstitieuse,
« Possédant en un mot pour n'en pas dire plus,
« Les défauts de son sexe, et peu de ses vertus.»

A peine Henri IV eut-il épousé une Médicis, malgré la précaution que ce nom devoit inspirer, qu'il eût à se repentir de son choix; Marie, d'un esprit présomptueux, étroit, entêté, avoit le gout des intrigues; cette politique italienne qui consiste à faire des partis et à les diviser; mais elle ignoroit l'art de les réunir en sa faveur le roi l'accusoit d'être fiere, défiante, orgueilleuse, amie du faste et de la dépense; paresseuse et vindicative. Ceux qui connoissent les mémoires de

Sully savent combien le pauvre Henri
IV eut à se plaindre de l'humeur jalouse, aigre et grondeuse de marie
de Médicis; elle s'emporta un jour
au point de vouloir le frapper, si Sully
ne lui eut retenu le bras avec assez
de vivacité pour l'en empêcher, livrée à Conchini et à la Signora Galigaï,
dont les perfides conseils causoient
la mésintelligence des deux époux,
elle fit acheter bien cher à Henri IV
la nécessité où les raisons d'état et
le besoin d'un successeur l'avoient
mis de se marier.

L'horrible parricide de Ravaillac ra-
vît Henri IV à la france sur les quatre
heures après midi. A six heures du
même jour, la reine avoit pris toutes
les précautions nécessaires pour faire
rendre l'arrêt qui la déclara régente
et dès le lendemain elle se rendit
au Parlement pour y faire confirmer
par la bouche du roi âgé de dix ans,

l'arrêt du parlement et la régence
qui fut jointe à la tutelle. Je suis
bien éloigné de donner quelque ressentiment aux bruits injurieux qui
coururent alors, et qui accusérent
Marie de Médicis d'avoir trempé dans
l'assassinat du roi son mari. Toujours
est-il certain que la promptitude avec
laquelle elle se consola parut au moins
violer toutes les bienséances. Marie
devoit au moins respecter la mémoire
de son époux, en ne prenant pas aussi
rapidement qu'elle le fit un système
de gouvernement entierement opposé
au sien. La mort du roi fut l'époque
précise de la disgrace de Sully et de
l'élevation scandaleuse de Conchini.
La cour changea de face, le gouvernement de maximes, l'ordre qu'avoit
établi Henri IV fut renversé : ses sages
avis oubliés ou plutôt contrariés avec
une affectation choquante, ses trésors.

dissipés (1) ses fideles serviteurs éloignés, ses alliances abandonnées pour
en prendre de nouvelles et de toutes
opposées. La france triomphante et
maîtresse de l'Europe, se vit presque réduite sous la direction des
Espagnols (2) et des agens de la cour
de Rome, qui furent les oracles de
la régence. Les Jésuites dont Henri-
IV avoit recommandé à la reine
d'empêcher l'accroissement et de sur-
veiller l'adroite et ambitieuse politique; demandérent à l'occasion d'une
querelle sur les droits et les libertés
de l'église gallicane ; et obtinrent qu'il
leur fut permis (3) d'écrire, et qu'il fut

---

(1) Vingt et un millions que l'économe Sully
avoit amassés à la Bastille.

(2) C'est ce qui est arrivé en France depuis
le funeste traité de Versailles et de 1756 fait
avec la Maison d'Autriche.

(3) Comme depuis sous de Louis XIV.

défendu de leur répondre. Enfin la reine vint à bout de mécontenter les protestans, de rallumer les guerres de religion, de soulever les princes du sang, d'aigrir les cours supérieurs; d'indisposer le peuple qui gémissoit sous un joug étranger, de diviser le royaume, et d'aliéner son fils même ¹, qui quoique jeune et presque enfant cherchoit un vengeur à son autorité usurpée. Bientôt après on la vit armée contre son fils; ne plus s'occuper que de ligues et de cabales, et déjouée par un courtisan plus fin qu'elle, par le cardinal de Richelieu, qui la força de sortir du royaume, et d'aller mendier un azile, où elle mourut dans la plus déplorable misere.

L'opiniâtreté avec laquelle Anne d'Autriche soutint le Cardinal Mazarin contre le vœu de tout le royaume et les maux que causa à la

France cet entêtement poussé à un
excès qui fit soupçonner la nature
de leurs liaisons, sont trop connus
pour que j'insiste sur la vie de cette
reine, née étrangere et très-malheu-
reuse avec son mari; elle préféra le
vain orgueil de soutenir l'étranger
au bonheur de plaire aux français,
et d'assurer la paix du royaume, et
fut cause de tous les troubles de la
Fronde, et en mariant son fils avec
une Espagnole, prépara à l'ambition
de Louis XIV un prétexte qu'il ne
manqua pas de saisir, et qui arma
contre lui toute l'Europe. Je trouve
dans l'histoire de cette princesse un
trait qui fait horreur, et qui annonce
l'insensibilité la plus barbare. Ce
Conchini laissoit un fils âgé de neuf
à dix ans. Il étoit aimable de figure
et de caractere; *je suis né pour porter
la peine de l'orgueil de mon pere,*
disoit le pauvre enfant à ceux qui

l'exhortoient à souffrir patiemment
l'affreux état ou il étoit réduit. Péné-
tré de désespoir il ne vouloit ni boire
ni manger. Le comte de Fiesque en
eut pitié , et le conduisit dans
son appartement. La *jeune* reine
ayant appris qu'il étoit au louvre ,
lui envoya des confitures et ordonna
qu'on le lui amenât. On lui avoit
dit , que le petit Conchini dansoit
avec beaucoup de grace , elle exigea
qu'il dansât en sa présence. Le sang
de son pere couloit encore , et l'on
allumoit, pour ainsi dire, le bucher
qui alloit consumer sa mere.

La fameuse Duchesse de Bourgogne,
mere de Louis XV , passa pour avertir
son pere le Duc de Savoye de toutes
les mesures qu'on prenoit contre
lui. Il ne lui étoit pas difficile d'en
être instruite , car elle s'étoit rendue
si agréable à Louis XIV , qu'elle en-
troit à chaque instant chez lui, l'a-

musoit de ses folies, fouilloit dans ses tiroirs, décachetoit ses lettres, ainsi que ceux de madame de Maintenon, assistoit même au travail que les ministres venoient faire avec le roi, et sous cet air d'extravagance cachoit infiniment d'adresse. On sait que le duc de Bourgogne fut infiniment malheureux avec elle, que son humeur galante causa plus d'un chagrin à son époux, et que ses caprices et ses indécences la rendirent la fable de la cour (1).

On se rappelle le malheureux succès qu'eut le siege de Turin pour

_____

(1) Elle ordonnoit à ses laquais de la prendre par les deux pieds, et ils la trainoient ainsi sur son derriere nu; les laquais se disoient l'un à l'autre : « allons nous divertir avec la duchesse de Bourgogne. » *Fragmens de lettres originales de mad. la duchesse d'Orléans, mere du Regent.*

laquelle la cour avoit prodigué les ressources de plusieurs campagnes. On trouve, à l'occasion de cë siége, dans un ouvrage de Langlet-Dufresnoy, qui a été cartonné par ordre du Gouvernement, une anecdote intéressante, qui en dira plus que je n'en puis dire (1).

« L'Auteur du siecle de Louis XIV, dit cet écrivain, n'a pas su tout le dénouement de ce siége. Le roi avoit résolu de se rendre maître de cette place importante ; mais ce n'étoit pas assez, il falloit que Chamillard le voulût. Ce ministre, qui avoit fait refuser Vauban, s'avisa de prier l'électeur de Cologne, Joseph Clément de Baviere, de vouloir bien envoyer au siege, un ingénieur habile qu'il

_____

(1) Plan de l'histoire générale et particuliere de la monarchie Françoise.

avoit à sa cour , comme s'il en manquoit en France d'aussi expérimen-
tés : il s'y rendit donc , et il écrivoit
régulierement la suite de ce siége.
Par une de ses lettres , il marquoit :
nous touchons Turin du bout du doigt,
nous tirons beaucoup , mais sans bou-
les. On n'en manquoit cependant pas.
C'étoit moi qui recevoit les lettres ;
ainsi je puis en rendre un témoi-
gnage certain. Que l'on fasse mainte-
nant ses réflexions sur cet événe-
ment ».

On ne peut faire à l'épouse de Louis
XV les mêmes reproches , puisque ,
loin de rien faire perdre au royaume,
son mariage , qui ne fut cependant
que l'effet d'une tracasserie de cour,
et d'une vengeance de madame de
Prie , contre l'infante , valut , à la
France , la réunion de la Lorraine.
Peut-être cependant, par son ignorance
totale des usages et de l'esprit de la

nation , et sur-tout sur son ridicule bi-
gotisme dont les courtisans surent habilement se servir pour l'engager à re-
pousser Louis XV du lit conjugal et
pour lui donner des maîtresses, a-t-elle
fait autant de mal à la France que
n'eût pu faire une reine plus occu-
pée des intérêts de la famille et du
pays qu'elle a quittés que de ceux
de la nation où elle est admise.

Je ne dirai rien de Marie-Antoi-
nette. Trop louée peut-être autrefois,
trop dénigrée aujourd'hui , elle ne
mérite vraisemblablement ni les élo-
ges excesifs prodigués à la Dauphine,
ni les atroces imputations dont la reine
est l'objet. C'est à ceux qui nous sui-
vront à en juger. *Suum cuique decus
repended et aquâ posteritas.* (1) Je n'exa-
minerai point si son attachement pour

_____

(1) Tacit.

un frere à eu quelque part à l'épuisement de nos finances et aux sacrifices
nouveaux que la France a faits à la
maison d'Autriche. (1) Je me conten-
terai d'observer qu'il est bien difficile, pour ne pas dire impossible,
de dépouiller sans réserve tout sentiment de tendresse pour le pays qui
nous a vu naître, pour les parens
qui ont fourni à nos premieres caresses,
pour ceux qui ont les premiers dé-
veloppé dans notre cœur ces affec-
tions aimantes, qui font le bonheur
de tous les hommes, d'oublier toutes
les relations de fille, de sœur, de pa-
rente, de compatriote. Il semble même
qu'un pareil oubli ne feroit guere d'honneur à l'ame qui en seroit capable. Que

---

(1) Consultez l'excellent ouvrage de M.
Peyssonnel, intitulé : situation présente de
l'Europe, nouv. édit. chez Buisson, hôtel de
Coetlesquet, rue Haute-feuilles No. 20.

F

faire donc pour prévenir les dangers auxquels l'hymen d'une reine étrangere expose un état? c'est que le roi se marie dans son pays. Cette alliance pouvoit paroître peu digne du sang royal, dans un temps où il n'y avoit qu'un maître et des sujets. Aujourd'hui où le roi n'est que le premier citoyen, il n'est point de prince qui se déshonore, en donnant sa main et son cœur à une citoyenne libre, et qui ne peut manquer d'avoir le cœur François. Je sais que c'est éveiller l'ambition de la famille où la reine seroit choisie. C'est un mal sans doute; mais c'en est un moindre que tous ceux qu'on a pu remarquer dans cette esquisse rapide; et d'ailleurs, en ce cas on n'auroit à lutter que contre une famille; au lieu que dans l'usage reçu, on a un ou plusieurs empires à craindre ou à combatre. L'un ameneroit quelquefois des tra-

casseries domestiques ; l'autre souvent des guerres , et presque toujours de ruineux sacrifices. Dans la
première hypothèse , c'est à l'assemblée nationale d'enchaîner l'ambition
de la famille préférée , par tous les
moyens possibles. Dans la seconde ,
l'influence d'une reine qui n'a pas le
cœur François sera toujours active et
dangereuse. J'ai cru qu'il étoit utile
de rendre cette idée publique. Elle
est du moins assez importante pour
mériter la discussion , et j'aurai peut-
être au moins le mérite de donner à
quelque publicité , ou quelqu'écrivain
plus habile que moi l'occasion de traiter la question avec plus d'étendue
et de succès.

N. B. Presque toutes les reines dont
je n'ai pas parlé , sont mortes extrê-
mement jeunes.

FIN.

www.ingramcontent.com/pod-product-compliance
Lightning Source LLC
LaVergne TN
LVHW022028080426
835513LV00009B/910